학교 - el colegio   2
여행 - el viaje   5
운반 - el transporte   8
도시 - la ciudad   10
풍경 - el paisaje   14
레스토랑 - el restaurante   17
수퍼마켓 - el supermercado   20
음료수 - las bebidas   22
음식 - la comida   23
농장 - la granja   27
집 - la casa   31
응접실 - el living   33
부엌 - la cocina   35
욕실 - el baño   38
아이들 방 - el cuarto de los chicos   42
의복 - la ropa   44
사무실 - la oficina   49
경제 - la economía   51
직업 - las ocupaciones   53
연장 - las herramientas   56
악기 - los instrumentos musicales   57
동물원 - el zoológico   59
스포츠 - los deportes   62
활동 - las actividades   63
가족 - la familia   67
몸통 - el cuerpo   68
병원 - el hospital   72
응급상황 - la emergencia   76
지구 - la Tierra   77
시계 - el reloj   79
주간 - la semana   80
년도 - el año   81
형태 - las formas   83
색 - colores   84
반대 - los opuestos   85
숫자 - los números   88
언어 - los idiomas   90
누가 / 무엇이 / 어떻게 - quién / qué / cómo   91
어디에 - dónde   92

Impressum
Verlag: BABADADA GmbH, Nedderfeld 112 , 22529 Hamburg
Geschäftsführer / Verlagsleitung: Harald Hof
Druck: Books on Demand GmbH, In de Tarpen 42, 22848 Norderstedt

Imprint
Publisher: BABADADA GmbH, Nedderfeld 112 , 22529 Hamburg, Germany
Managing Director / Publishing direction: Harald Hof
Print: Books on Demand GmbH, In de Tarpen 42, 22848 Norderstedt

학교
el colegio

교실
el aula

나누다
dividir

186/2

칠판
el pizarrón

학교 운동장
el patio de la escuela

교사
el maestro

종이
el papel

쓰다
escribir

펜
la birome

책상
el escritorio

자
la regla

책
el libro

학생
el alumno

책가방
la mochila

필통
la caja de lápices

연필
el lápiz

연필깎이
el sacapuntas

지우개
la goma (de borrar)

스케치북
el bloc de dibujo

그림
el dibujo

붓
el pincel

그림물감 통
la caja de pinturas

가위
la tijera

풀
el pegamento

연습장
el cuaderno de ejercicios

숙제
la tarea

12

숫자
el número

2+2

더하다
sumar

5-2

빼다
restar

2×2

곱하다
multiplicar

계산하다
calcular

A

글자
la letra

ABCDEFG
HIJKLMN
OPQRSTU
VWXYZ

알파벳
el abecedario

hello

낱말
la palabra

텍스트
el texto

읽다
leer

분필
la tiza

수업시간
la lección

출석부
el cuaderno de clase

시험
el examen

증명서
el certificado

교복
el uniforme escolar

교육
la educación

백과사전
la enciclopedia

대학교
la universidad

현미경
el microscopio

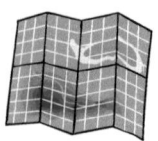

지도
el mapa

휴지통
el tacho (de basura)

여행

el viaje

호텔
el hotel
Grand
호스텔
el hostel
ROOMS
CHANGE
환전소
la casa de cambio
여행가방
la valija
자동차
el auto

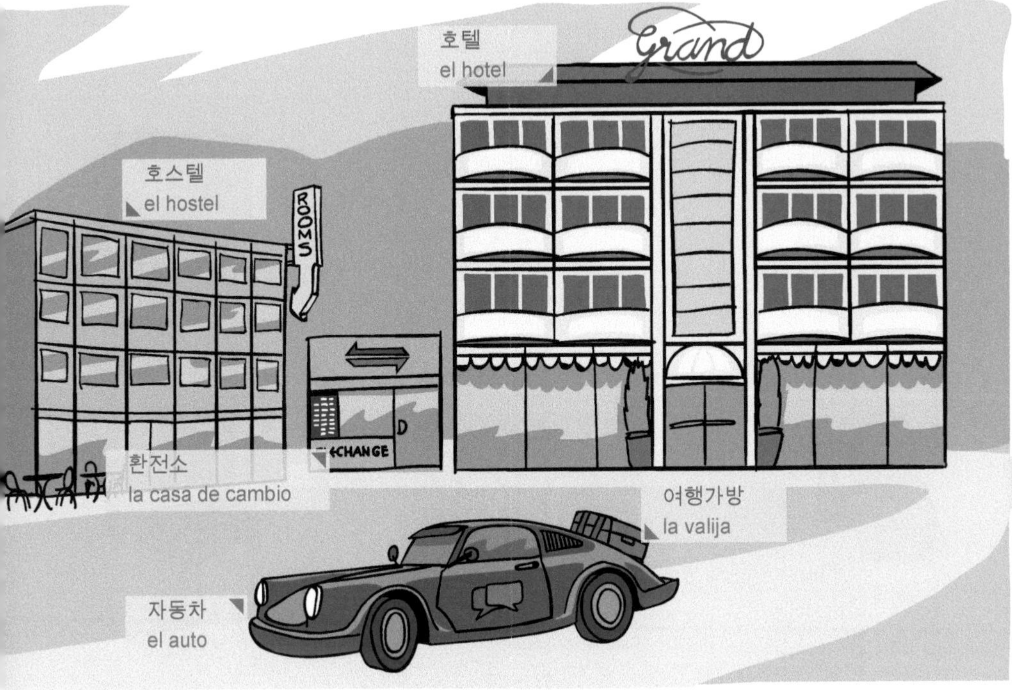

언어

el idioma

예 / 아니오

sí / no

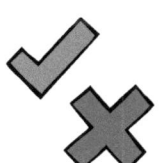

좋아

Está bien

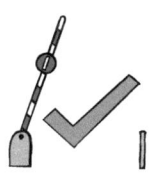

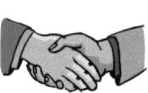

안녕

hola

번역가

el traductor

고마워, 고마워요

Gracias

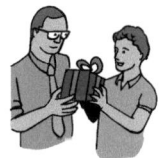

… 얼마입니까?

¿cuánto cuesta…?

나는 이해하지 못합니다

No entiendo

문제

el problema

안녕하세요!

¡Buenas tardes!

안녕하세요!

¡Buenos días!

잘자요!

¡Buenas noches!

또 만나요

el adiós

방향

la dirección

수하물

el equipaje

가방

el bolso

배낭

la mochila

손님

el invitado

방

la habitación

침낭

la bolsa de dormir

텐트

la carpa

여행 안내

la información turística

해변

la playa

신용카드

la tarjeta de crédito

아침식사

el desayuno

점심식사

el almuerzo

저녁식사

la cena

승차권

el pasaje

승강기

el ascensor

우표

el sello

경계

la frontera

세관

la aduana

대사관

la embajada

비자

la visa

여권

el pasaporte

운반
el transporte

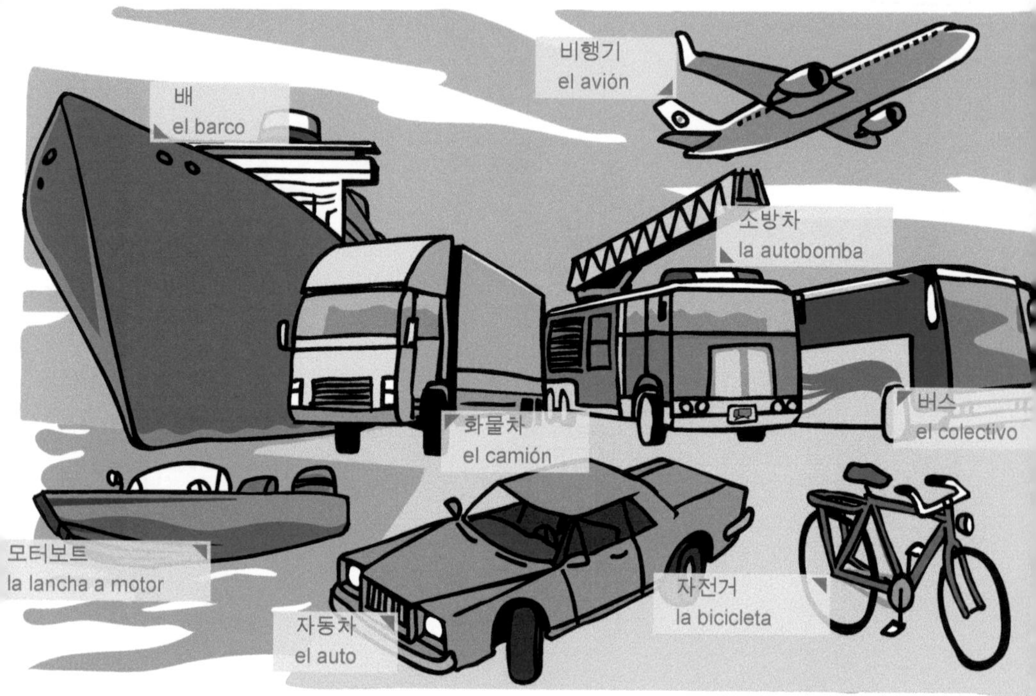

비행기
el avión

배
el barco

소방차
la autobomba

버스
el colectivo

화물차
el camión

모터보트
la lancha a motor

자전거
la bicicleta

자동차
el auto

페리
el ferry

보트
el bote

오토바이
la moto

경찰차
el patrullero

경주차
el auto de carreras

렌트카
el auto de alquiler

카셰어링

el alquiler de autos

견인차

la grúa

쓰레기차

el camión de la basura

모터

el motor

연료

la nafta

주유소

la estación de servicio

교통 표지

la señal de tránsito

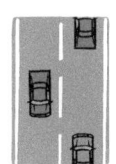

교통

el tránsito

교통 정체

el embotellamiento

주차장

el estacionamiento

기차역

la estación de tren

트랙터

las vías

기차

el tren

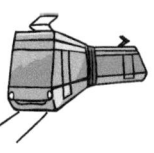

전차

el tranvía

객차

el vagón

헬리콥터

el helicóptero

공항

el aeropuerto

타워

la torre

승객

el pasajero

컨테이너

el contenedor

상자

la caja de cartón

카트

la carretilla

바구니

la canasta

출발하다 / 도착하다

despegar / aterrizar

도시

la ciudad

마을

el pueblo

도심

el centro de la ciudad

집

la casa

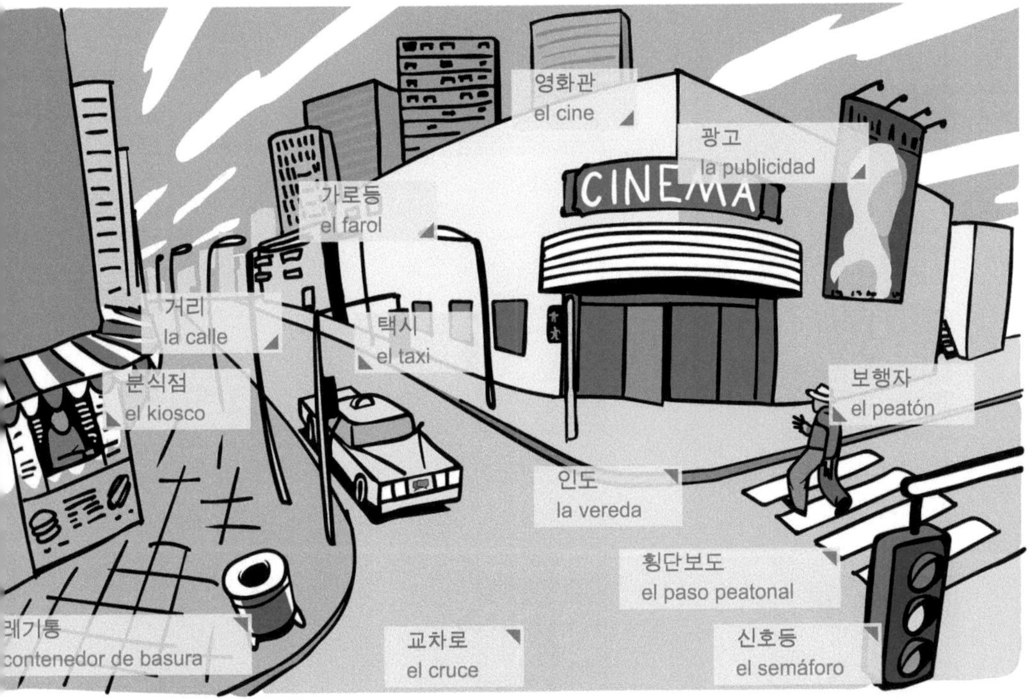

영화관
el cine

광고
la publicidad

가로등
el farol

CINEMA

거리
la calle

택시
el taxi

분식점
el kiosco

보행자
el peatón

인도
la vereda

횡단보도
el paso peatonal

쓰레기통
contenedor de basura

교차로
el cruce

신호등
el semáforo

오두막
la cabaña

주택
el departamento

기차역
la estación de tren

시청
la municipalidad

박물관
el museo

MUSEUM

학교
el colegio

대학교

la universidad

은행

el banco

병원

el hospital

호텔

el hotel

약국

la farmacia

사무실

la oficina

서점

la librería

상점

el negocio

꽃가게

la florería

수퍼마켓

el supermercado

시장

el mercado

백화점

las grandes tiendas

생선가게

la pescadería

쇼핑 센터

el centro comercial

항구

el puerto

공원

el parque

벤치

el banco

다리

el puente

계단

las escaleras

지하철

el subte

터널

el túnel

버스 정류장

la parada del colectivo

바

el bar

레스토랑

el restaurante

우체통

el buzón

도로 표지판

el letrero

주차료 징수기

el parquímetro

동물원

el zoológico

수영장

la pileta

모스크 사원

la mezquita

농장

la granja

환경오염

la contaminación

공동묘지

el cementerio

교회

la iglesia

놀이터

los juegos infantiles

절

el templo

풍경

el paisaje

잎
la hoja

이정표
el poste indicador

길
el camino

초원
la pradera

돌
la piedra

나무
el árbol

도보여행자
el excursionista

강
el río

잔디
la hierba

꽃
la flor

계곡
el valle

산
la montaña

호수
el lago

숲
el bosque

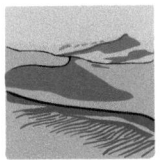

사막
el desierto

화산
el volcán

성
el castillo

무지개
el arco iris

버섯
el champiñón

야자나무
la palmera

모기
el mosquito

파리
la mosca

개미
la hormiga

벌
la abeja

거미
la araña

딱정벌레

el escarabajo

개구리

la rana

다람쥐

la ardilla

고슴도치

el erizo

토끼

la liebre

부엉이

la lechuza

새

el pájaro

백조

el cisne

맷돼지

el jabalí

사슴

el ciervo

순록

el alce

댐

la presa

풍력 터빈

el aerogenerador

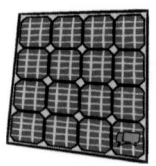

태양광 전지판

el panel solar

기후

el clima

레스토랑
el restaurante

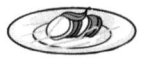

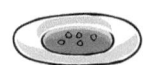

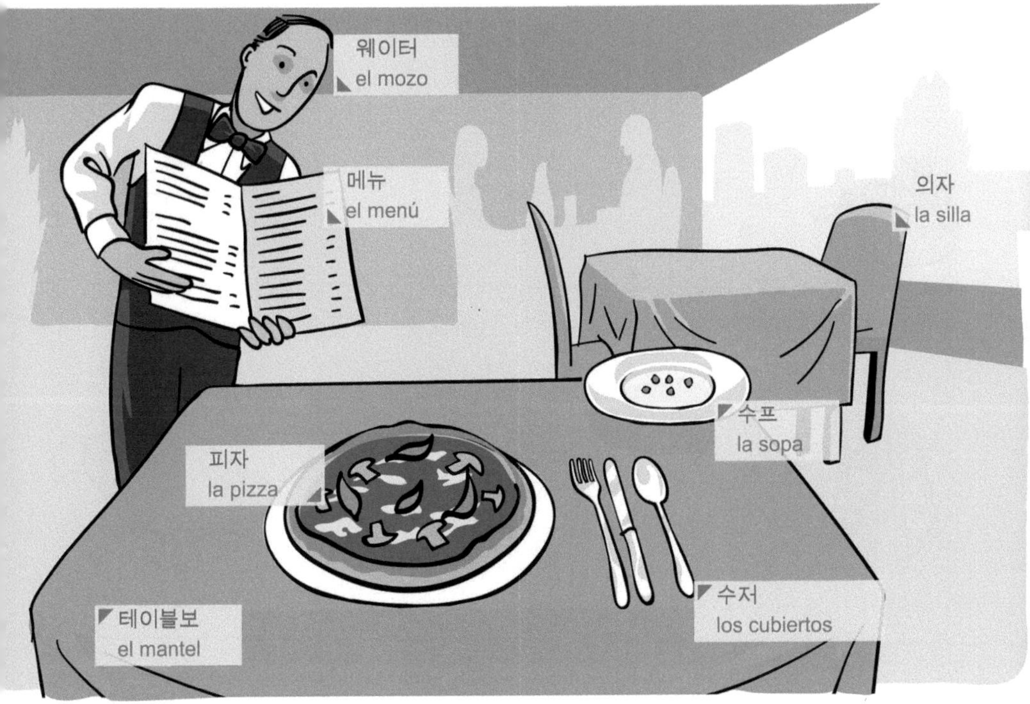

웨이터
el mozo
메뉴
el menú
의자
la silla
수프
la sopa
피자
la pizza
수저
los cubiertos
테이블보
el mantel

전채요리

la entrada

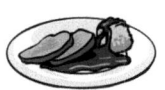

주요리

el plato principal

후식

el postre

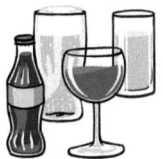

음료수

las bebidas

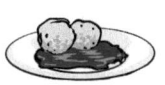

음식

la comida

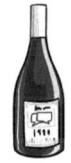

병

la botella

인스턴트 식품
la comida rápida

길거리음식
la comida callejera

찻주전자
la tetera

설탕통
la azucarera

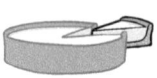

인분
la porción

에스프레소 머신
la cafetera expreso

높은 의자
la sillita alta

계산서
la cuenta

쟁반
la bandeja

칼
el cuchillo

포크
el tenedor

숟가락
la cuchara

찻숟가락
la cucharita

냅킨
la servilleta

유리잔
el vaso

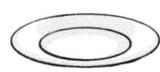

접시

el plato

수프 그릇

el plato hondo

컵 받침

el plato

소스

la salsa

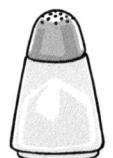

소금통

el salero

후추통

el molinillo de pimienta

식초

el vinagre

기름

el aceite

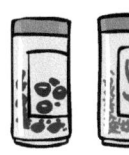

양념

las especias

케첩

el kétchup

겨자

la mostaza

마요네즈

la mayonesa

수퍼마켓

el supermercado

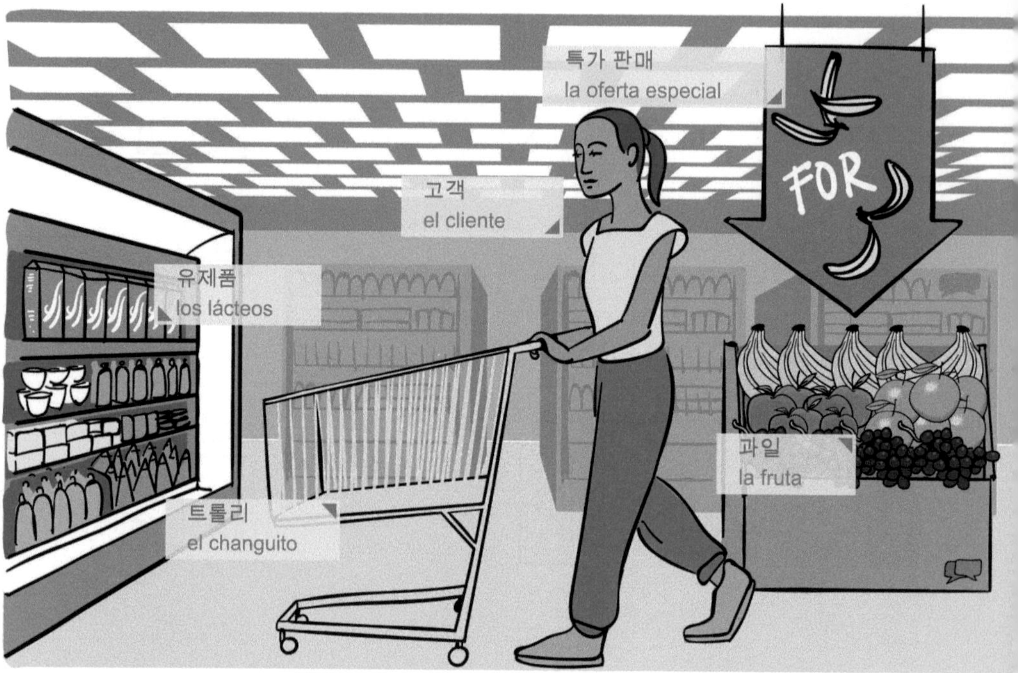

특가 판매
la oferta especial
FOR
고객
el cliente
유제품
los lácteos
과일
la fruta
트롤리
el changuito

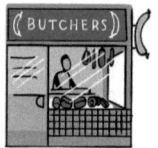

BUTCHERS

정육점

la carnicería

BAKERY

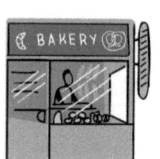

빵집

la panadería

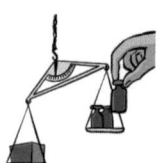

무게가 나가다

pesar

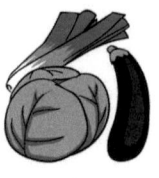

채소

las verduras

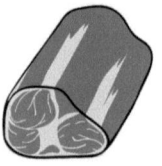

고기

la carne

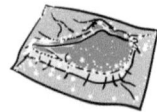

냉동식품

los alimentos congelados

냉육

los fiambres

통조림

los alimentos enlatados

가루 세제

el detergente en polvo

달콤한 간식

las golosinas

가정용품

los electrodomésticos

세척제

los productos de limpieza

판매원

la vendedora

계산대

la caja

계산원

el cajero

구매목록

la lista de compras

문 여는 시간

el horario de atención

지갑

la billetera

신용카드

la tarjeta de crédito

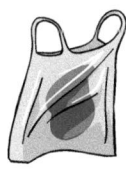

가방

la cartera

비닐 봉투

la bolsa de plástico

물
el agua

주스
el jugo

우유
la leche

콜라
la bebida cola

와인
el vino

맥주
la cerveza

술
el alcohol

카카오
el cacao

차고
el té

커피
el café

에스프레소
el café expreso

카푸치노
el cappuccino

바나나

la banana

사과

la manzana

오렌지

la naranja

수박

el melón

레몬

el limón

당근

la zanahoria

마늘

el ajo

대나무

el bambú

양파

la cebolla

버섯

el champiñón

견과류

las nueces

국수

los fideos

스파게티
los tallarines

쌀
el arroz

샐러드
la ensalada

감자칩
las papas fritas

감자튀김
las papas fritas

피자
la pizza

햄버거
la hamburguesa

샌드위치
el sándwich

커틀렛
el churrasco

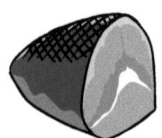

햄
el jamón

살라미
el salame

소시지
la salchicha

닭
el pollo

구이
el asado

생선
el pescado

오트밀
los copos de avena

뮤슬리
el muesli

콘플레이크
los copos de maíz

밀가루
la harina

크루아상
la medialuna

룰빵
el pancito

빵
el pan

토스트
la tostada

비스킷
las galletitas

버터
la manteca

응유
la cuajada

케이크
la torta

달걀
el huevo

계란 후라이
el huevo frito

치즈
el queso

음식 - la comida

아이스크림

el helado

설탕

el azúcar

꿀

la miel

잼

la mermelada

누가 크림

la pasta de chocolate

카레

el curry

농장
la granja

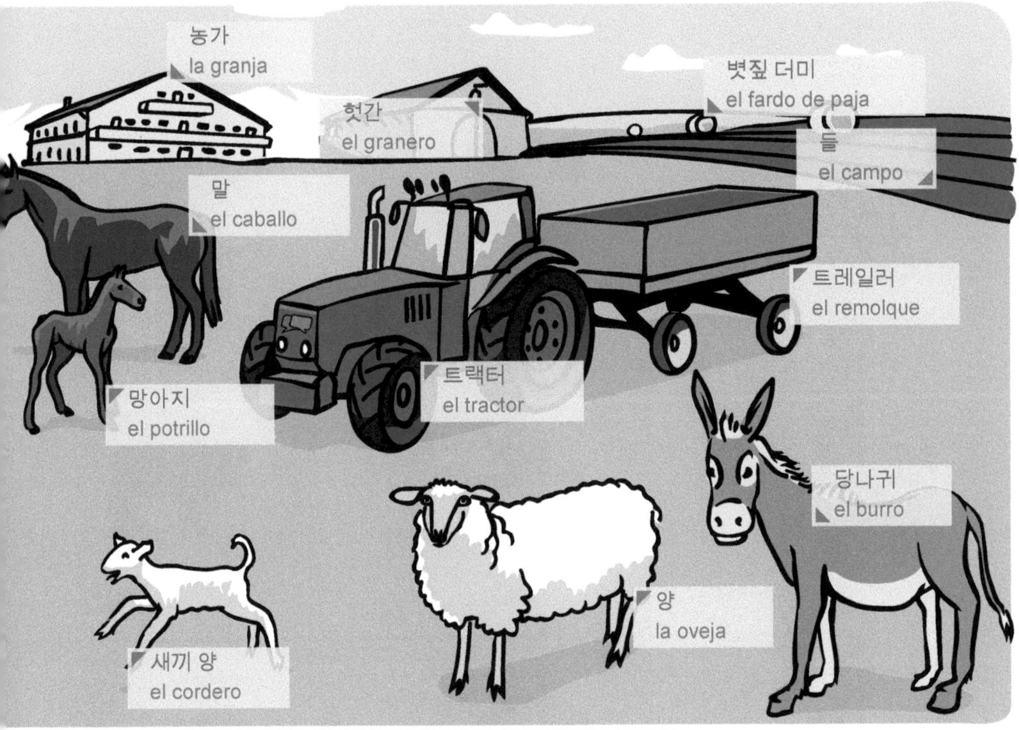

농가
la granja
벳짚 더미
el fardo de paja
헛간
el granero
들
el campo
말
el caballo
트레일러
el remolque
트랙터
el tractor
망아지
el potrillo
당나귀
el burro
양
la oveja
새끼 양
el cordero

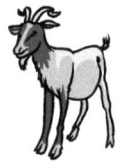

염소

la cabra

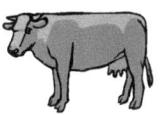

암소

la vaca

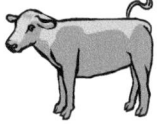

송아지

el ternero

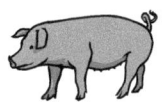

돼지

el cerdo

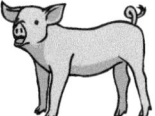

새끼 돼지

el lechón

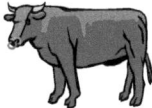

황소

el toro

거위

el ganso

오리

el pato

병아리

el pollo

암탉

la gallina

수탉

el gallo

쥐

la rata

고양이

el gato

생쥐

el ratón

황소

el buey

개

el perro

개집

la cucha

정원용 호스

la manguera

물뿌리개

la regadera

큰 낫

la guadaña

쟁기

el arado

낫
la hoz

괭이
la azada

쇠스랑
la horquilla

도끼
el hacha

외바퀴 손수레
la carretilla

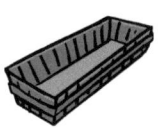

여물통
el abrevadero

우유 캔
la lechera

부대
la bolsa

울타리
la reja

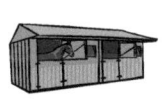

축사
el establo

비닐하우스
el invernadero

땅
el suelo

씨앗
la semilla

거름
el fertilizador

콤바인
la cosechadora

수확하다

cosechar

수확

la cosecha

참마

las batatas

밀

el trigo

콩

la soja

감자

la papa

옥수수

el maíz

유채씨

la semilla de colza

과일나무

el árbol frutal

카사바

la mandioca

곡식

los cereales

집

la casa

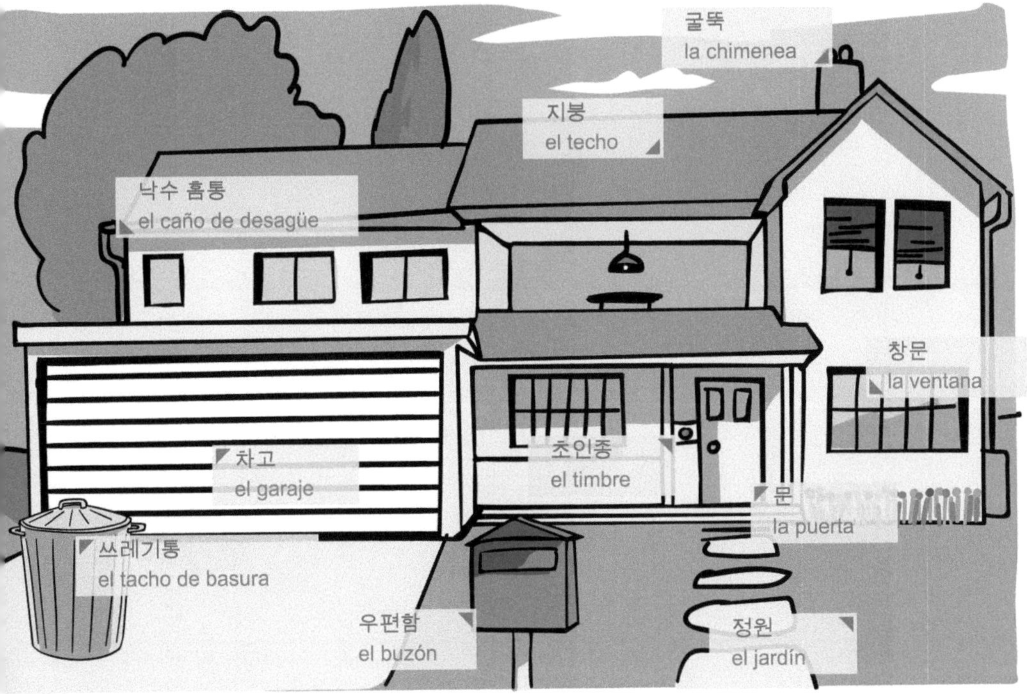

굴뚝
la chimenea
지붕
el techo
낙수 홈통
el caño de desagüe
창문
la ventana
차고
el garaje
초인종
el timbre
문
la puerta
쓰레기통
el tacho de basura
우편함
el buzón
정원
el jardín

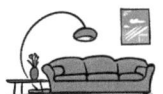

응접실

el living

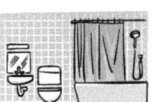

욕실

el baño

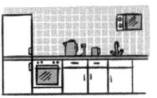

부엌

la cocina

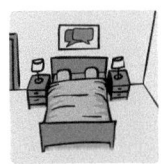

침실

el dormitorio

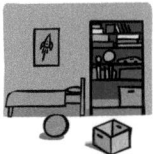

아이들 방

el cuarto de los chicos

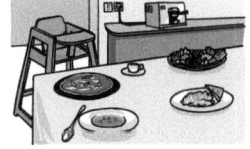

식사실

el comedor

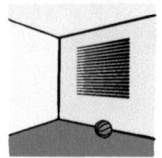

바닥

el piso

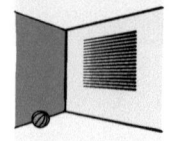

벽

la pared

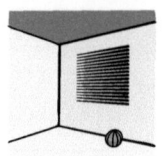

천장

el cielorraso

지하실

el sótano

사우나

el sauna

발코니

el balcón

테라스

la terraza

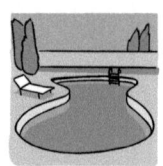

수영장

la pileta

잔디 깎는 기계

la cortadora de pasto

침대 시트

la sábana

이불

el acolchado

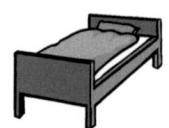

침대

la cama

빗자루

la escoba

양동이

el balde

스위치

el interruptor

응접실
el living

벽지
el empapelado
그림
la imagen
전등
la lámpara
선반
el estante
캐비닛
el armario
텔레비전
la televisión
벽난로
la chimenea
꽃
la flor
쿠션
el almohadón
소파
el sofá
꽃병
el florero
리모컨
el control remoto

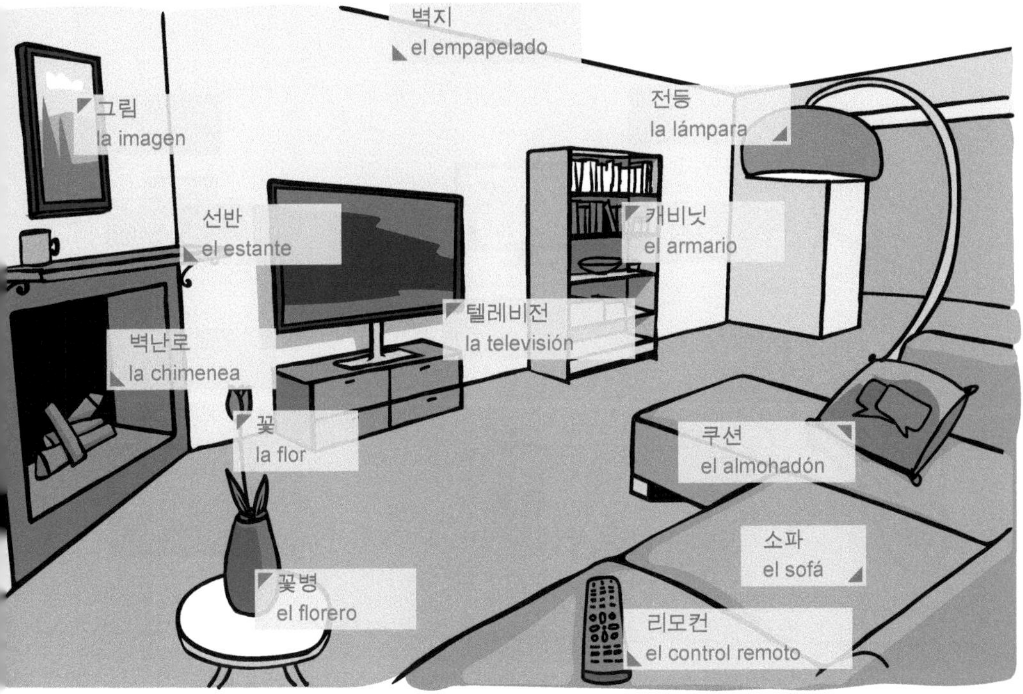

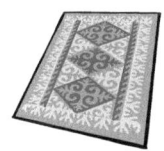

카페트

la alfombra

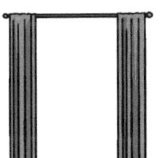

커튼

la cortina

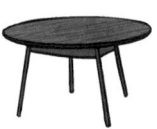

탁자

la mesa

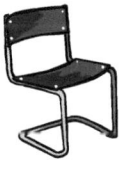

의자

la silla

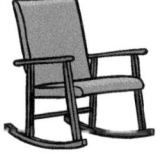

흔들의자

la mecedora

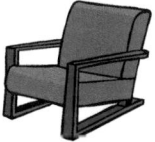

안락의자

el sillón

책

el libro

담요

la frazada

장식

la decoración

뗄감나무

la leña

영화

la película

하이파이 기기

el equipo de música

열쇠

la llave

신문

el diario

회화

la pintura

포스터

el póster

라디오

la radio

노트

el cuaderno

진공청소기

la aspiradora

선인장

el cactus

초

la vela

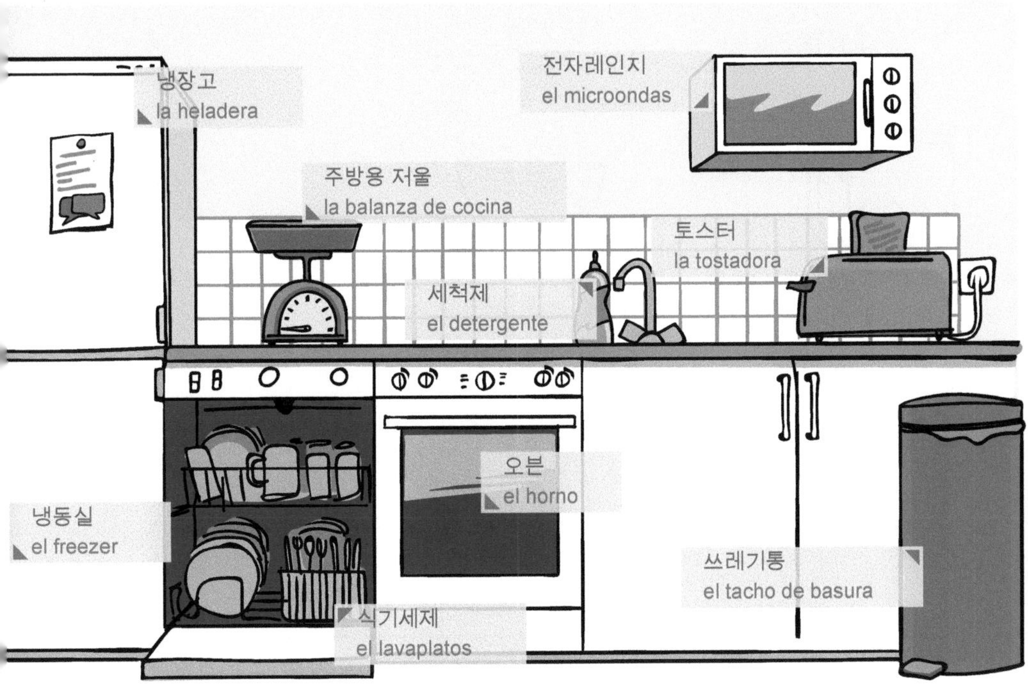

냉장고
la heladera

전자레인지
el microondas

주방용 저울
la balanza de cocina

토스터
la tostadora

세척제
el detergente

오븐
el horno

쓰레기통
el tacho de basura

냉동실
el freezer

식기세제
el lavaplatos

쿠커

la cocina

냄비

la olla

주철 냄비

la olla de hierro fundido

웍 / 카다이 냄비

el wok

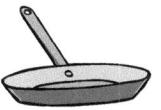

프라이팬

la sartén

주전자

la pava

찜기

la vaporera

오븐 구이용 쟁반

la bandeja de horno

그릇

la vajilla

머그

la taza

양푼이

el bol

젓가락

los palitos

국자

el cucharón

주걱

la espátula

거품기

la batidora

여과기

el colador

체

el colador

강판

el rallador

절구

el mortero

바베큐

la parrilla

화덕

la fogata

도마

la tabla de picar

밀방망이

el palo de amasar

코르크 병따개

el sacacorchos

캔

la lata

캔 따개

el abrelatas

냄비 받침

la manopla

개수대

la pileta

솔

el cepillo

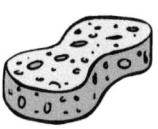

수세미

la esponja

블렌더

la batidora

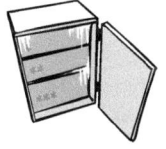

냉동고

el congelador

젖병

la mamadera

수도꼭지

la canilla

욕실

el baño

히터
la calefacción
수건
la toalla
샤워
la ducha
샤워 커튼
la cortina de la ducha
거품 비누
el baño de espuma
욕조
la bañadera
유리잔
el vaso
세탁기
el lavarropas
수도꼭지
la canilla
타일
las baldosas
변기
la pelela
개수대
la pileta

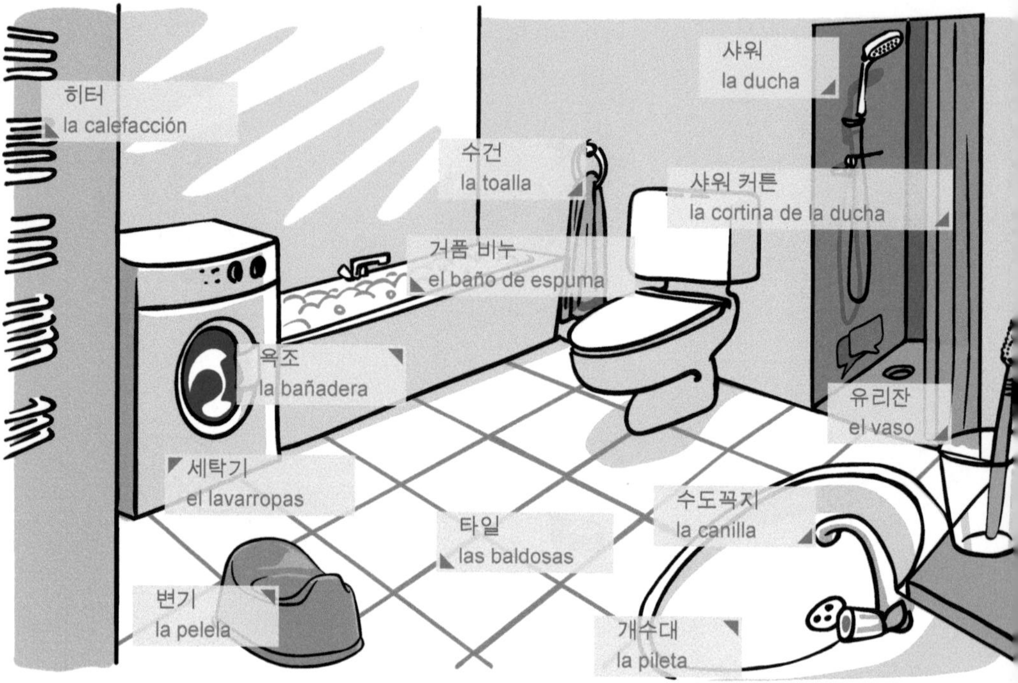

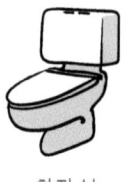

화장실

el inodoro

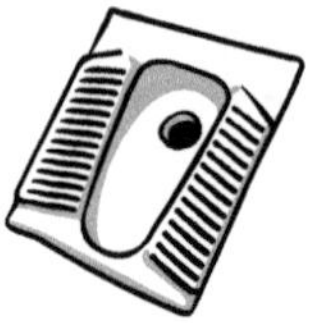

재래식 화장실

la letrina

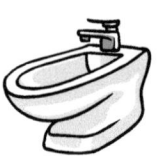

비데

el bidé

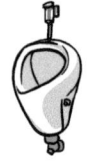

공중 변소

el mingitorio

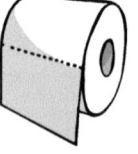

화장지

el papel higiénico

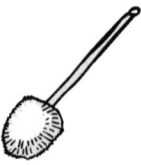

변기솔

el cepillo para el inodoro

치솔

el cepillo de dientes

치약

el dentífrico

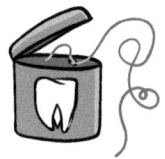

치실

el hilo dental

씻다

lavar

샤워기

la ducha de mano

질 세척제

la ducha higiénica

대야

la palangana

등밀이솔

el cepillo para la espalda

비누

el jabón

샤워 젤

el gel de ducha

샴푸

el shampoo

물걸레

la toallita

배수관

el desagüe

크림

la crema

체취 제거제

el desodorante

거울
el espejo

휴대용 거울
el espejito

면도기
la maquinita de afeitar

면도 거품
la espuma de afeitar

에프터쉐이브
el aftershave

빗
el peine

솔
el cepillo

헤어드라이기
el secador de pelo

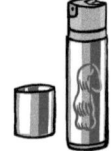

헤어스프레이
el spray

메이크업
el maquillaje

립스틱
el lápiz de labios

손톱깎이
el esmalte para uñas

면 솜
el algodón

손톱
la tijera para uñas

향수
el perfume

세면도구 주머니
el portacosméticos

스툴
la banqueta

저울
la balanza

목욕 가운
la bata

고무 장갑
los guantes de goma

탐폰
el tampón

생리대
la toallita femenina

화학 화장실
el baño químico

아이들 방
el cuarto de los chicos

자명종
el despertador
털인형
el peluche
장난감 차
el coche de juguete
딸랑이
el sonajero
인형의 집
la casa de muñecas
선물
el regalo

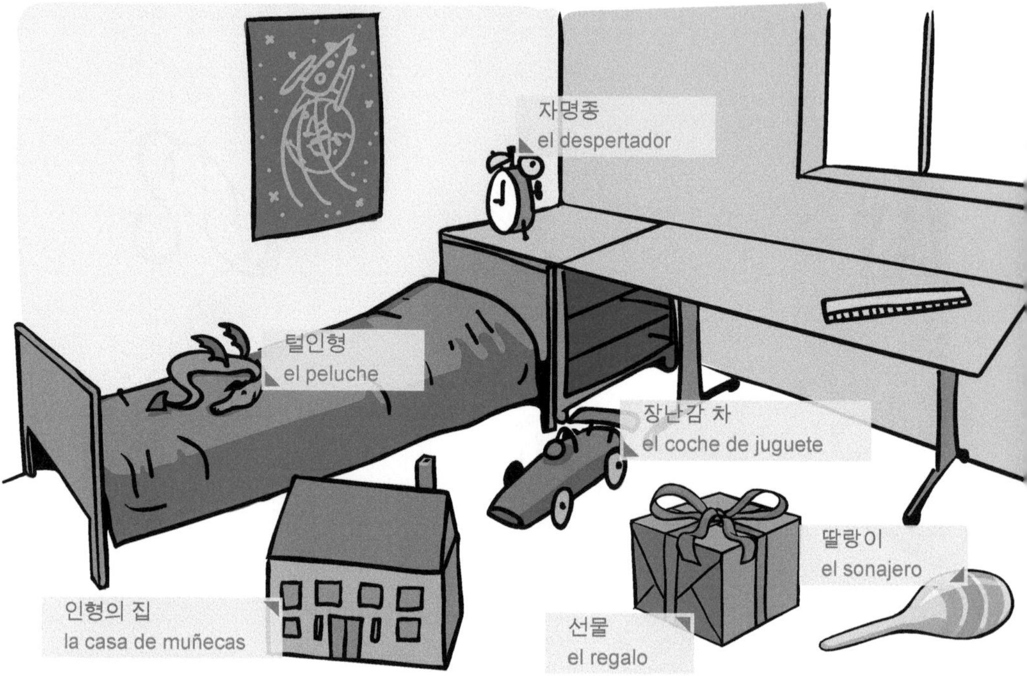

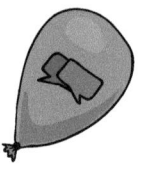

풍선

el globo

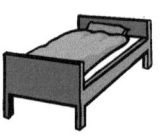

침대

la cama

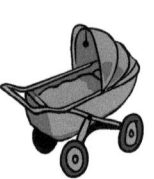

유모차

el cochecito

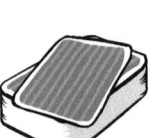

카드 게임

las cartas

퍼즐

el rompecabezas

SUPER MEGA

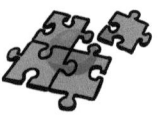

만화

la historieta

레고

las piezas de lego

장난감 블럭

los ladrillos de juguete

액션 캐릭터

la figura de acción

베이비 그로

el enterito (de bebé)

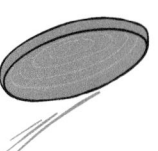

프리스비

el frisbee

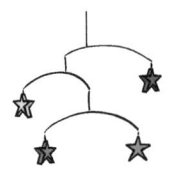

모빌

el móvil para bebés

보드 게임

el juego de mesa

주사위

los dados

기차 모형 세트

el tren eléctrico

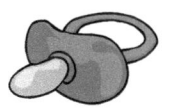

노리개 젖꼭지

el chupete

파티

la fiesta

그림책

el libro de cuentos ilustrado

공

la pelota

인형

la muñeca

놀다

jugar

모래상자

el arenero

그네

la hamaca

장난감

los juguetes

비디오 게임 콘솔

la consola de videojuegos

세바퀴자전거

el triciclo

곰인형

el osito de peluche

옷장

el armario

의복

la ropa

양말

las medias

스타킹

las medias panty

스타킹

las calzas

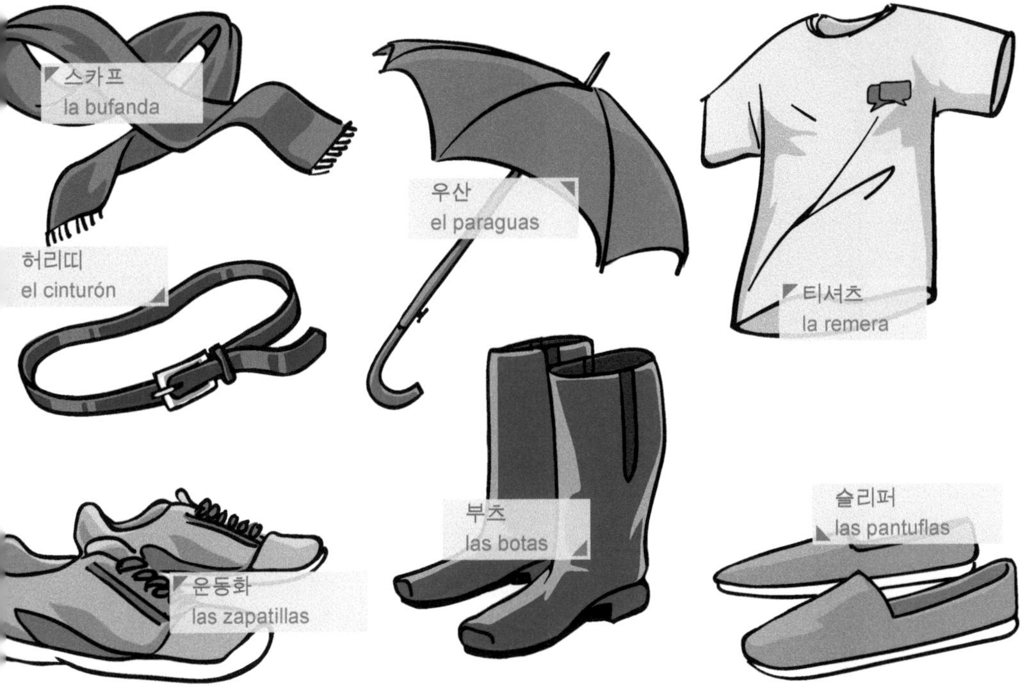

스카프
la bufanda

우산
el paraguas

티셔츠
la remera

허리띠
el cinturón

부츠
las botas

슬리퍼
las pantuflas

운동화
las zapatillas

샌들
las sandalias

신발
los zapatos

고무 장화
las botas de goma

팬티
la ropa interior

브래지어
el corpiño

러닝 셔츠
el chaleco

바디

el body

바지

los pantalones

청바지

los jeans

치마

la pollera

블라우스

la blusa

셔츠

la camisa

풀오버

el pulóver

후드티

el buzo

블레이저

el blazer

자켓

la campera

외투

el tapado

비옷

el piloto

의상

el traje

원피스

el vestido

웨딩 드레스

el vestido de novia

양복
el traje

나이트가운
el camisón

잠옷
el pijama

사리
el sari

두건
el pañuelo para la cabeza

터번
el turbante

부르카
la burka

카프탄
el caftán

아바야
la abaya

수영복
el traje de baño

수영바지
el short de baño

반바지
los shorts

트레이닝복
el jogging

앞치마
el delantal

장갑
los guantes

단추
el botón

안경
los anteojos

팔찌
la pulsera

목걸이
el collar

반지
el anillo

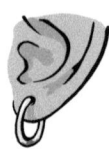

귀걸이
el aro

캡 모자
la gorra

옷걸이
la percha

모자
el sombrero

넥타이
la corbata

지퍼
el cierre

헬멧
el casco

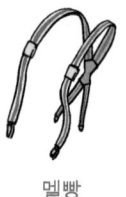

멜빵
los tiradores

교복
el uniforme escolar

유니폼
el uniforme

턱받이
....
el babero

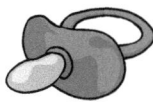

노리개 젖꼭지
....
el chupete

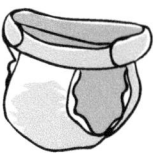

기저귀
....
el pañal

사무실

la oficina

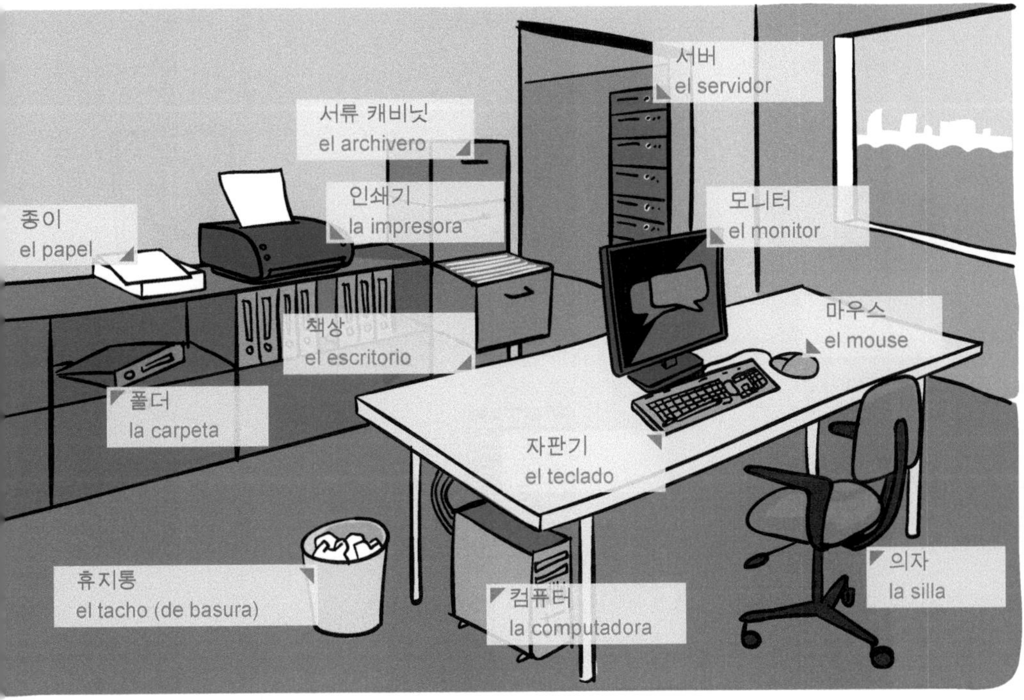

서버
el servidor

서류 캐비닛
el archivero

인쇄기
la impresora

종이
el papel

모니터
el monitor

마우스
el mouse

책상
el escritorio

폴더
la carpeta

자판기
el teclado

휴지통
el tacho (de basura)

의자
la silla

컴퓨터
la computadora

커피잔
....
la taza de café

계산기
....
la calculadora

인터넷
....
el internet

노트북
la laptop

편지
la carta

메시지
el mensaje

휴대전화
el celular

네트워크
la red

복사기
la fotocopiadora

소프트웨어
el software

전화
el teléfono

플러그 소켓
el tomacorriente

팩시밀리
el fax

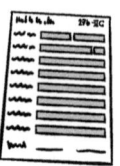

서식
el formulario

서류
el documento

사다

comprar

지불하다

pagar

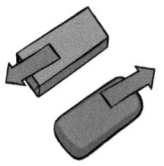

거래하다

hacer negocios

돈

el dinero

달러

el dólar

유로

el euro

엔

el yen

루벨

el rublo

스위스 프랑

el franco suizo

위안

el yuan

루피

la rupia

현금인출기

el cajero automático

환전소

la casa de cambio

금

el oro

은

la plata

석유

el petróleo

에너지

la energía

가격

el precio

계약

el contrato

세금

el impuesto

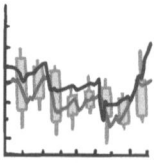

주식

la acción

일하다

trabajar

근로자

el empleado

고용주

el empleador

공장

la fábrica

상점

el negocio

직업
las ocupaciones

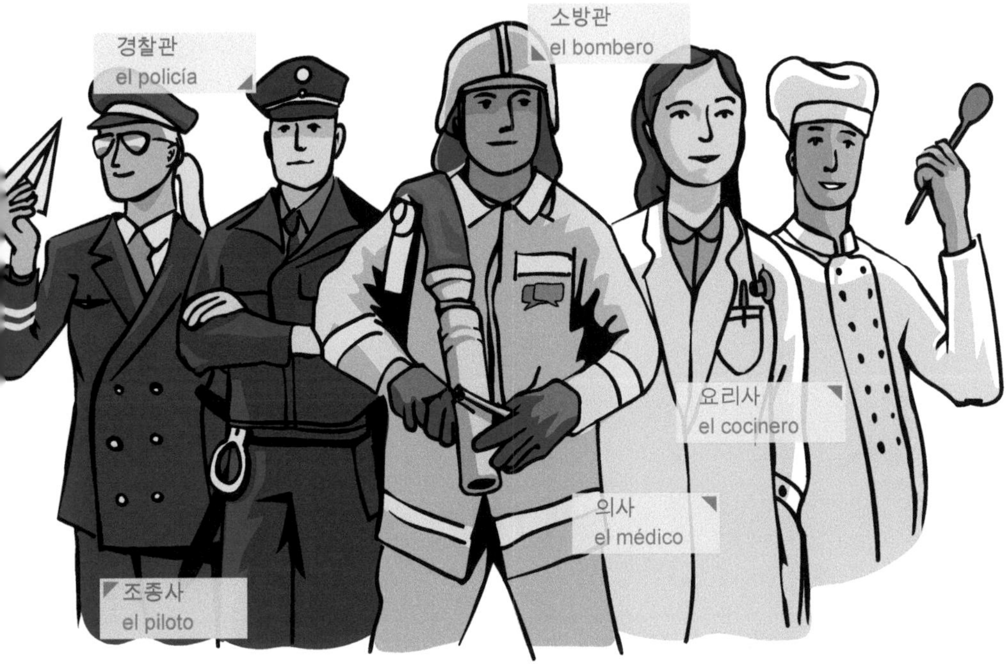

경찰관
el policía
소방관
el bombero
요리사
el cocinero
의사
el médico
조종사
el piloto

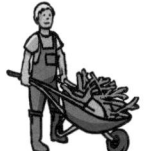

정원사

el jardinero

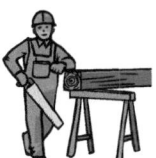

목수

el carpintero

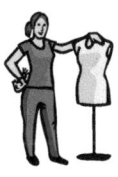

수선공

la modista

판사

el juez

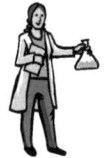

화학자

el farmacéutico

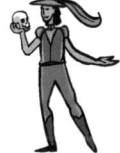

배우

el actor

버스운전사

el colectivero

택시 운전사

el taxista

어부

el pescador

청소부

la mucama

지붕 수리자

el techista

웨이터

el mozo

사냥꾼

el cazador

화가

el pintor

제빵사

el panadero

전기업자

el electricista

건축업자

el albañil

엔지니어

el ingeniero

정육점업자

el carnicero

배관업자

el plomero

우편물 배달부

el cartero

군인

el soldado

건축가

el arquitecto

계산원

el cajero

플로리스트

el florista

미용사

el peluquero

검표원

el cobrador

정비사

el mecánico

선장

el capitán

치과의사

el dentista

학자

el científico

유대교 라비

el rabino

이맘

el imán

수도승

el monje

사제

el sacerdote

las herramientas

망치
el martillo

펜치
la tenaza

나사 드라이버
el destornillador

렌치
la llave

손전등
la linterna

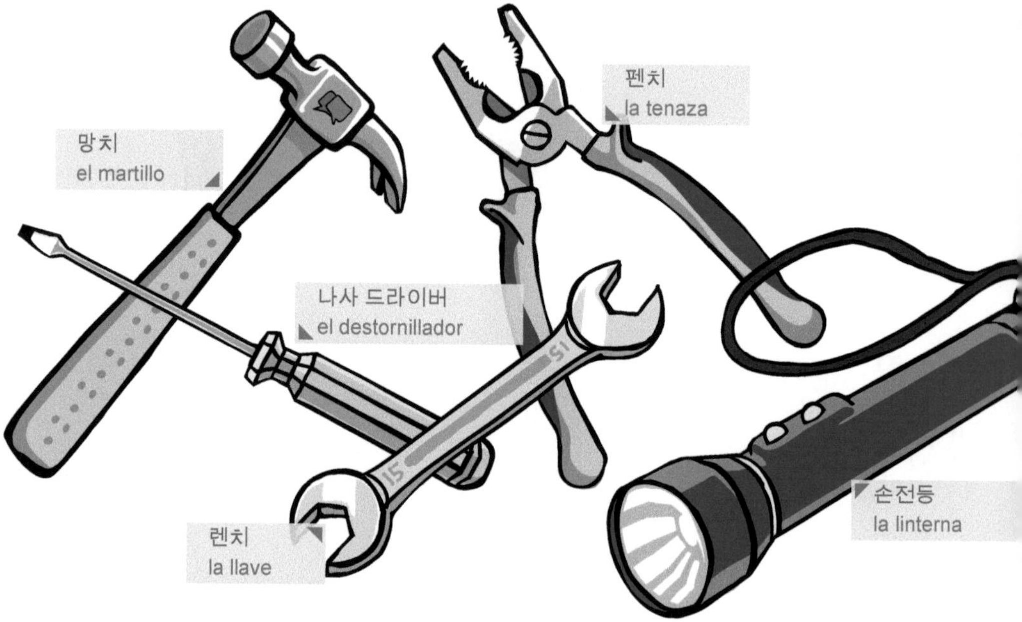

굴삭기

la excavadora

연장통

la caja de herramientas

사다리

la escalera portátil

톱

la sierra

못

los clavos

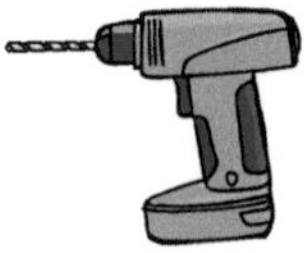

드릴

el taladro

수리하다
arreglar

삽
la pala de jardín

젠장!
¡Qué bronca!

쓰레받기
la pala de plástico

페인트통
el tacho de pintura

나사
los tornillos

악기

los instrumentos musicales

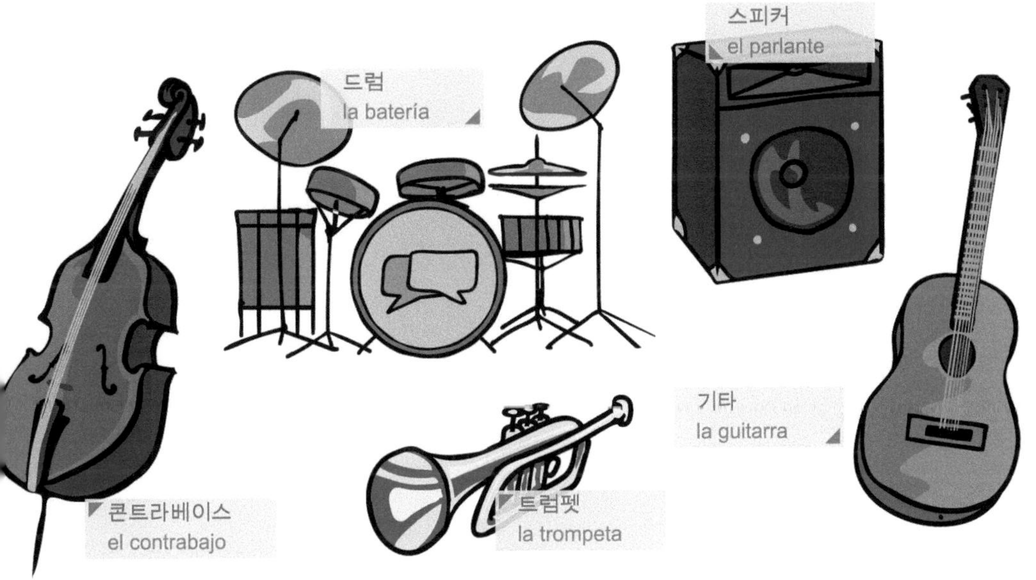

스피커
el parlante

드럼
la batería

기타
la guitarra

콘트라베이스
el contrabajo

트럼펫
la trompeta

피아노

el piano

바이올린

el violín

베이스

el bajo

팀파니

los timbales

북

el tambor

키보드

el teclado

색소폰

el saxofón

플루트

la flauta

마이크

el micrófono

동물원

el zoológico

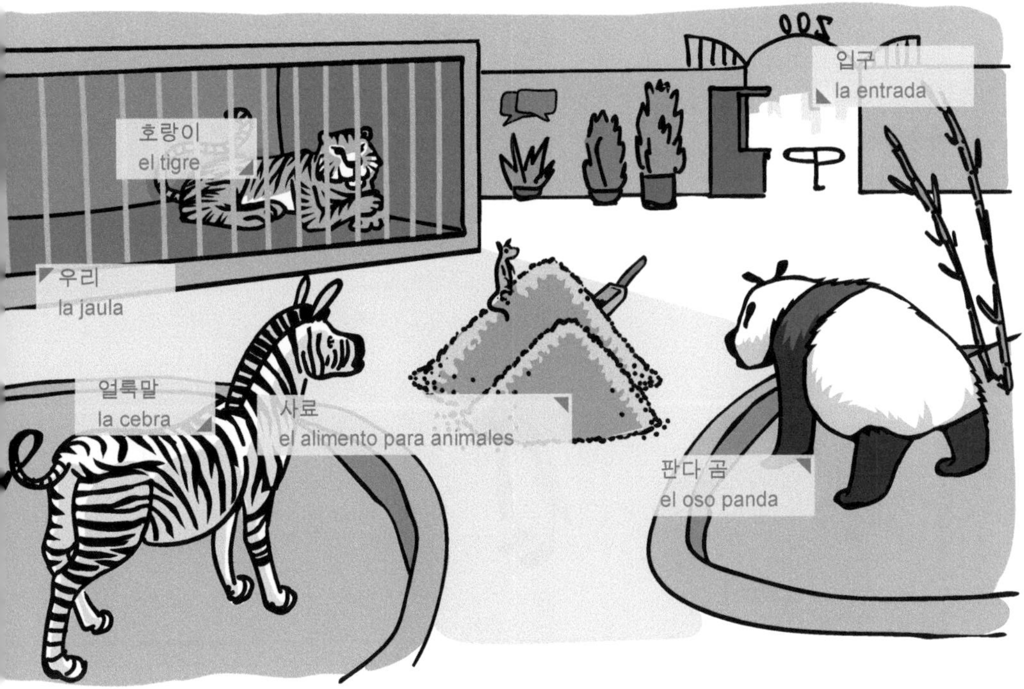

입구
la entrada
호랑이
el tigre
우리
la jaula
얼룩말
la cebra
사료
el alimento para animales
판다 곰
el oso panda

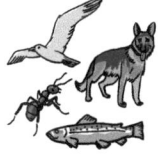

동물

los animales

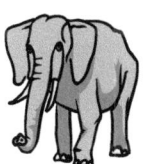

코끼리

el elefante

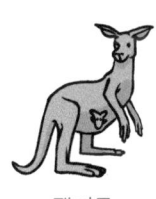

캥거루

el canguro

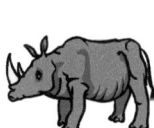

코뿔소

el rinoceronte

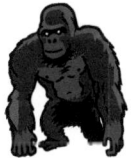

고릴라

el gorila

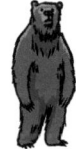

곰

el oso

낙타
el camello

타조
el avestruz

사자
el león

원숭이
el mono

홍학
el flamenco

앵무새
el loro

북극곰
el oso polar

펭귄
el pingüino

상어
el tiburón

공작
el pavo real

뱀
la serpiente

악어
el cocodrilo

동물원 사육사
el cuidador del zoológico

물개
la foca

재규어
el jaguar

조랑말
el poni

표범
el leopardo

하마
el hipopótamo

기린
la jirafa

독수리
el águila

맷돼지
el jabalí

생선
el pescado

거북이
la tortuga

바다코끼리
la morsa

여우
el zorro

영양
la gacela

미식축구
el fútbol americano

자전거 경기
el ciclismo

테니스
el tenis

농구
el básquet

수영
la natación

권투
el boxeo

아이스하키
el hockey sobre hielo

축구
el fútbol

배드민턴
el bádminton

육상 경기
el atletismo

핸드볼
el handball

스키
el esquí

폴로
el polo

활동
las actividades

웃다
reír
뛰어오르다
saltar
포옹하다
abrazar
걷다
caminar
노래하다
cantar
꿈꾸다
soñar
기도하다
rezar
입맞추다
besar

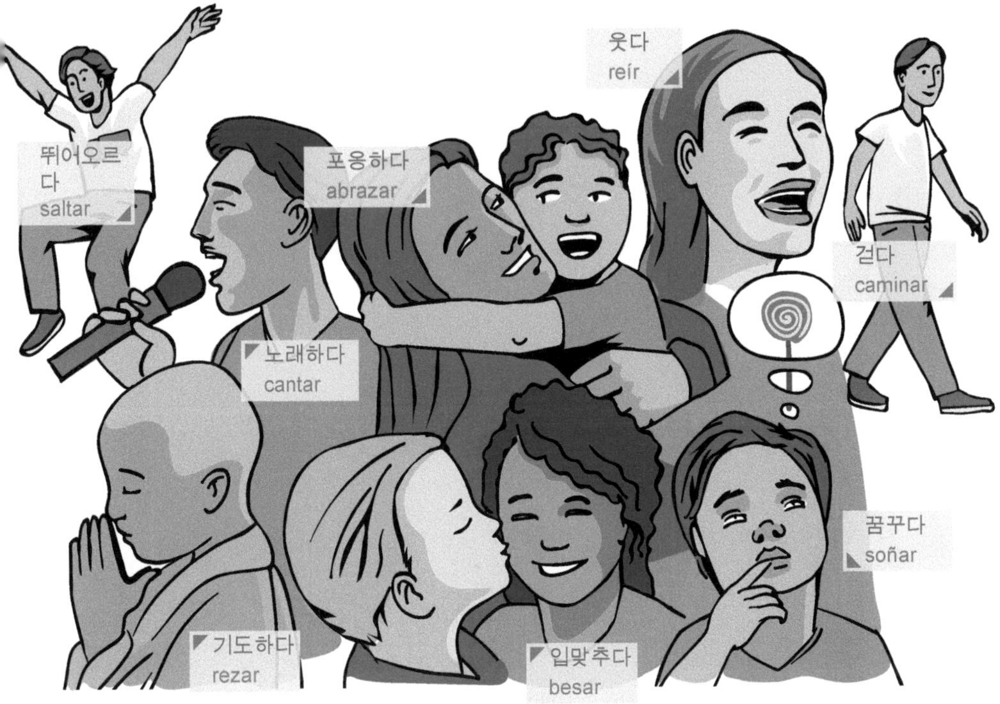

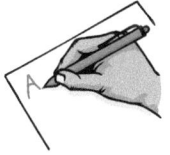

쓰다
escribir

그리다
dibujar

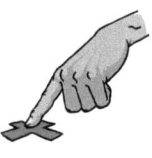

보여주다
mostrar

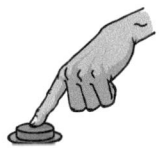

밀다
presionar

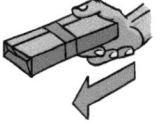

주다
dar

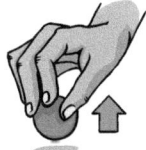

받다
tomar

가지다

tener

행하다

hacer

...이다

ser

서있다

estar parado

뛰다

correr

당기다

tirar

던지다

tirar

떨어지다

caer

누워있다

estar acostado

기다리다

esperar

운반하다

llevar

앉다

estar sentado

옷을 입다

vestirse

자다

dormir

깨다

despertar

보다

mirar

울다

llorar

쓰다듬다

acariciar

빗다

peinar

말하다

hablar

이해하다

entender

묻다

preguntar

듣다

escuchar

마시다

beber

먹다

comer

정리하다

ordenar

사랑하다

amar

요리하다

cocinar

주행하다

manejar

날다

volar

해항하다

navegar

계산하다

calcular

읽다

leer

배우다

aprender

일하다

trabajar

결혼하다

casarse

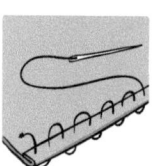

바느질하다

coser

이를 닦다

cepillarse los dientes

죽이다

matar

담배 피우다

fumar

보내다

enviar

가족
la familia

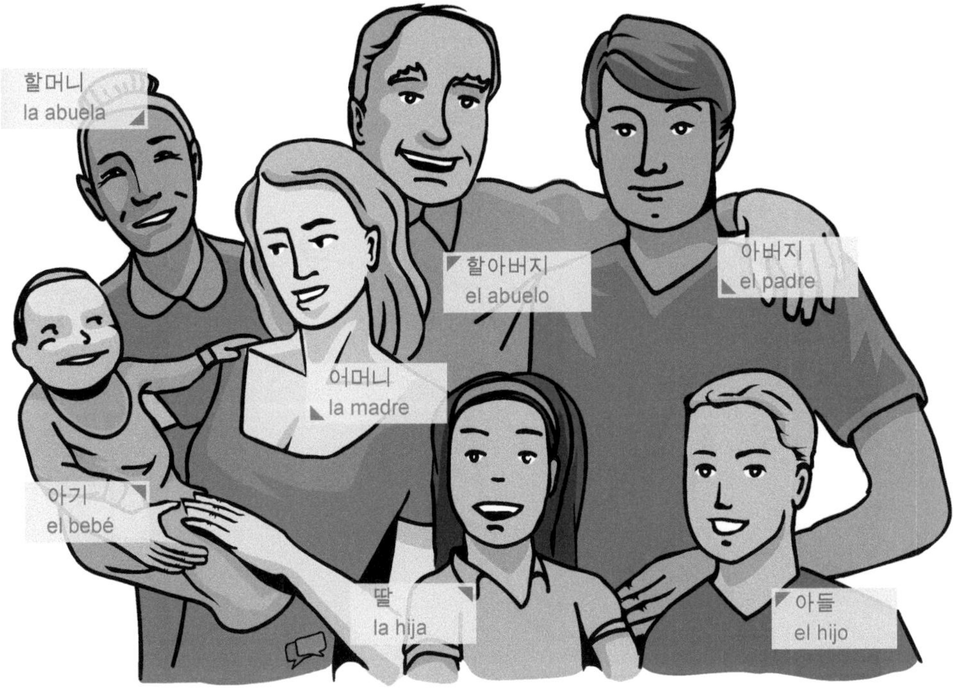

할머니
la abuela
할아버지
el abuelo
아버지
el padre
어머니
la madre
아기
el bebé
딸
la hija
아들
el hijo

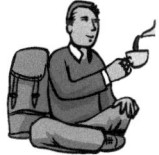

손님
el invitado

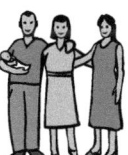

이모 / 고모
la tía

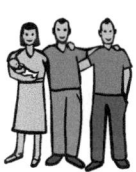

삼촌
el tío

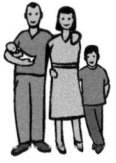

형제
el hermano

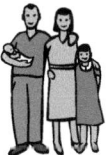

자매
la hermana

몸통

el cuerpo

이마
la frente
눈
el ojo
어깨
el hombro
손가락
el dedo
얼굴
la cara
턱
la pera
손가락
la mano
가슴
el pecho
다리
la pierna
팔
el brazo

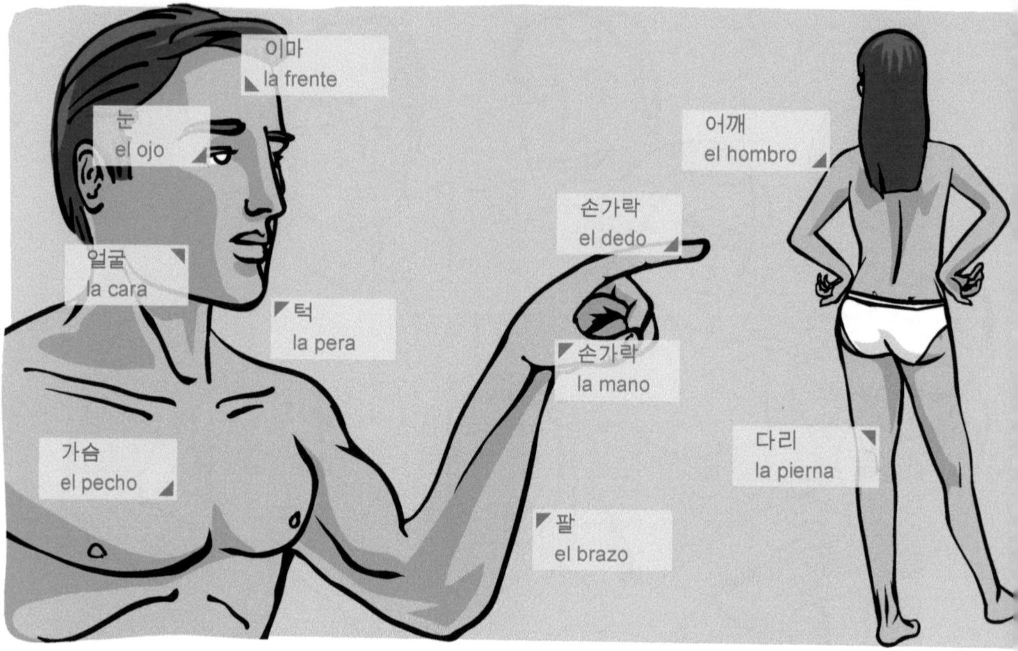

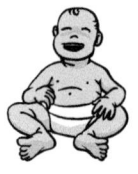

아기

el bebé

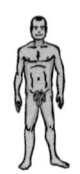

남자

el hombre

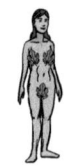

여자

la mujer

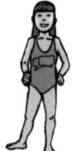

소녀

la nena

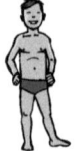

소년

el nene

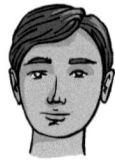

머리카락

la cabeza

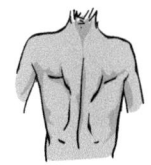

등

la espalda

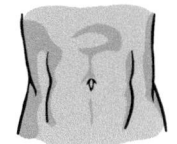

배

la panza

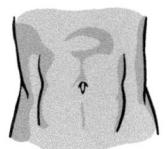

배꼽

el ombligo

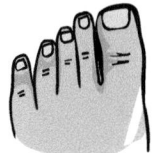

발가락

el dedo del pie

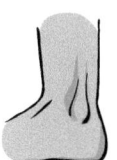

발꿈치

el talón

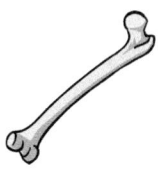

뼈

el hueso

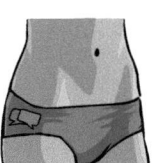

엉덩이

la cadera

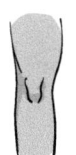

무릎

la rodilla

팔꿈치

el codo

코

la nariz

둔부

la cola

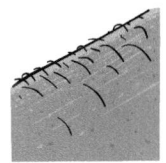

피부

la piel

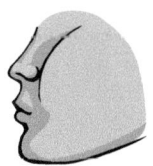

뺨

el cachete

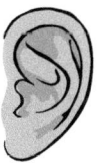

귀

la oreja

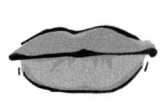

입술

el labio

입
la boca

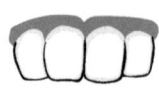

치아
el diente

혀
la lengua

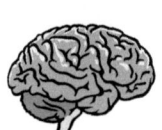

뇌
el cerebro

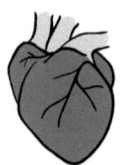

심장
el corazón

근육
el músculo

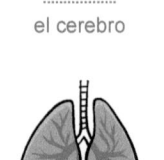

허파
el pulmón

간
el hígado

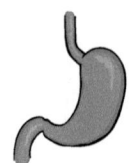

위
el estómago

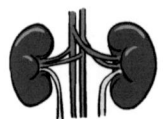

신장
los riñones

성교
el sexo

콘돔
el preservativo

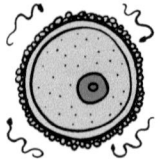

난자
el óvulo

정자
el semen

임신
el embarazo

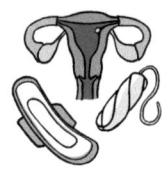

월경

la menstruación

질

la vagina

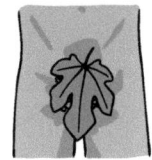

음경

el pene

눈썹

la ceja

머리카락

el pelo

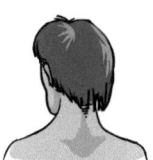

목

el cuello

병원

el hospital

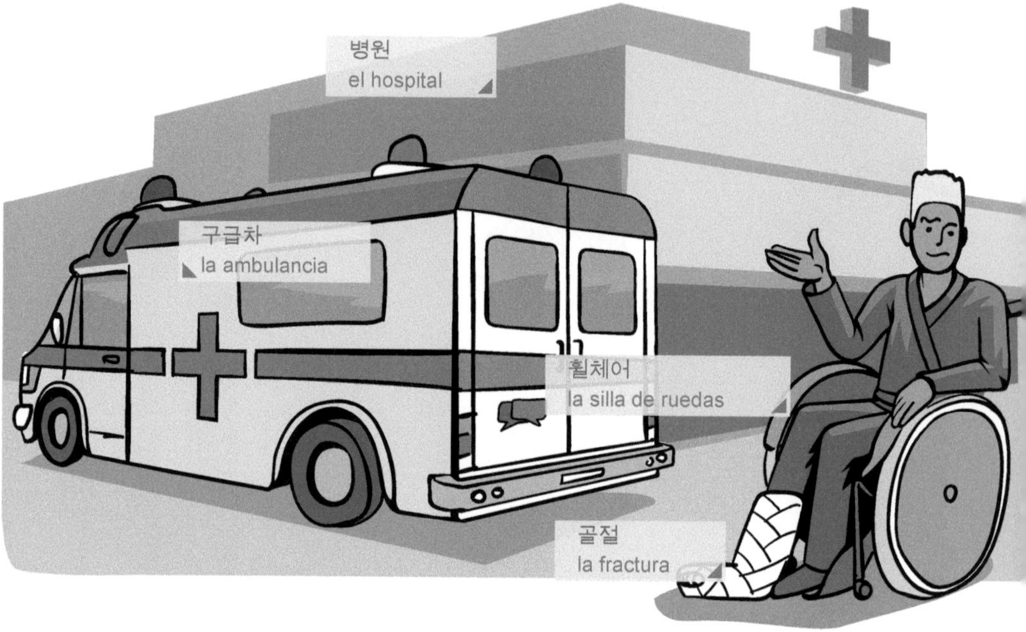

병원
el hospital
구급차
la ambulancia
휠체어
la silla de ruedas
골절
la fractura

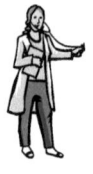

의사

el médico

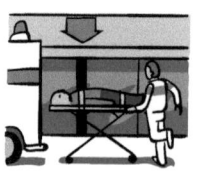

응급실

la sala de guardia

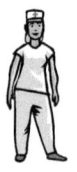

간호사

la enfermera

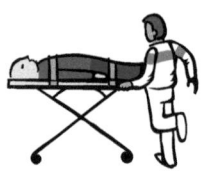

응급상황

la emergencia

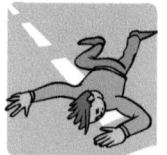

혼수상태

inconsciente

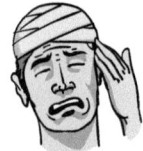

통증

el dolor

부상
la lesión

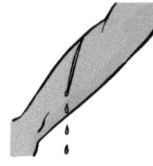

출혈
la hemorragia

심장마비
el infarto

뇌졸중
el ACV

알러지
la alergia

기침
la tos

열
la fiebre

독감
la gripe

설사
la diarrea

두통
el dolor de cabeza

암
el cáncer

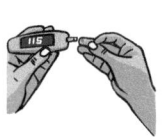

당뇨병
la diabetes

외과의
el cirujano

수술용 메스
el bisturí

수술
la operación

CT

la TC

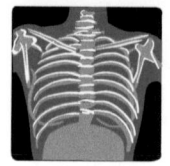

엑스레이

los rayos x

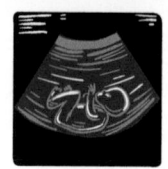

초음파

la ecografía

마스크

el barbijo

질병

la enfermedad

대기실

la sala de espera

목발

la muleta

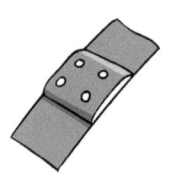

반창고

la curita

붕대

la venda

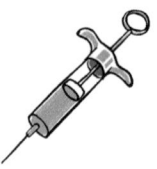

주사

la inyección

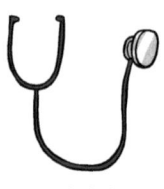

청진기

el estetoscopio

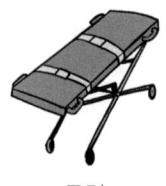

들것

la camilla

체온계

el termómetro

출생

el nacimiento

과체중

el sobrepeso

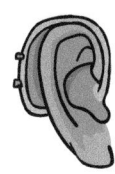

보청기
el audífono

소독약
el desinfectante

감염
la infección

바이러스
el virus

HIV / AIDS
el VIH / SIDA

의학
el remedio

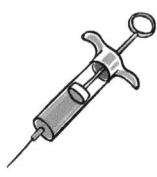

예방접종
la vacunación

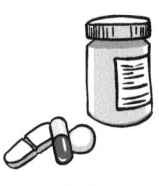

알약
los comprimidos

알약
la pastilla anticonceptiva

구급 전화
la llamada de emergencia

혈압측정기
el tensiómetro

병든 / 건강한
enfermo / sano

도와주세요!

¡Ayuda!

경보음

la alarma

폭행

la agresión

공격

el ataque

위험

el peligro

비상구

la salida de emergencia

불이야!

¡Fuego!

소화기

el matafuego

사고

el accidente

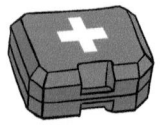

구급 상자

el botiquín de primeros auxilios

SOS

el SOS

경찰

la policía

유럽

Europa

북미

América del Norte

남미

América del Sur

아프리카

África

아시아

Asia

호주

Australia

북극

el Atlántico

태평양

el Pacífico

인도양

el Océano Índico

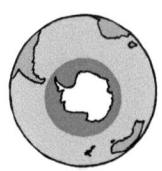

남극해

el Océano Antártico

북극해

el Océano Ártico

북극해

el polo norte

남극해

el polo sur

남극

la Antártida

지구

la Tierra

육지

la tierra

바다

el mar

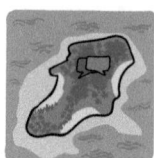

섬

la isla

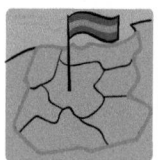

국가

la nación

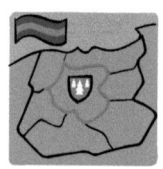

주

el estado

시계 문자판

la esfera

시침

la manecilla de las horas

분침

el minutero

초침

el segundero

몇 시입니까?

¿Qué hora es?

일

el día

시간

la hora

지금

ahora

디지털 시계

el reloj digital

분

el minuto

시간

la hora

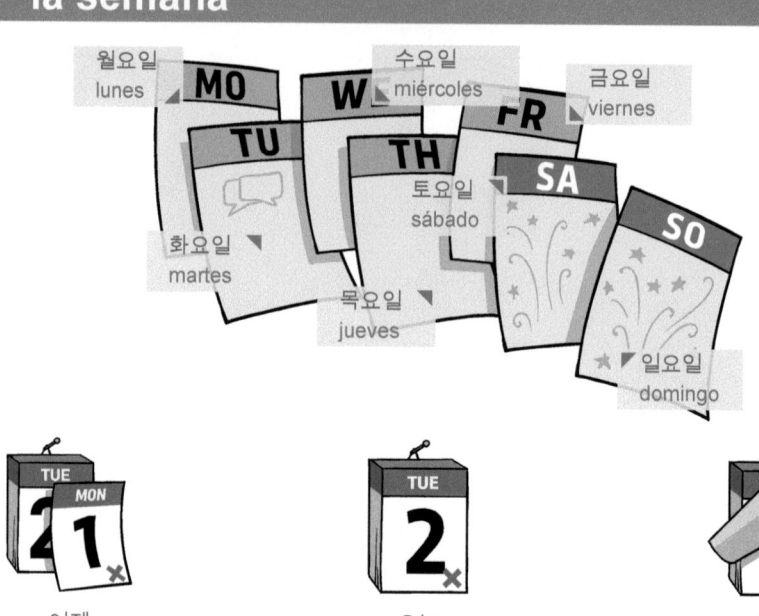

월요일
lunes

수요일
miércoles

금요일
viernes

화요일
martes

목요일
jueves

토요일
sábado

일요일
domingo

어제

ayer

오늘

hoy

내일

mañana

아침

la mañana

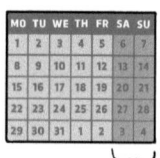

정오

el mediodía

저녁

la tarde

근로일

los días hábiles

주말

el fin de semana

년도
el año

비
la lluvia
무지개
el arco iris
바람
el viento
눈
la nieve
봄
la primavera
여름
el verano
가을
el otoño
겨울
el invierno

4.APRIL 11°
5.APRIL 4°
6.APRIL 13°
7.APRIL 8°
8.APRIL 10°

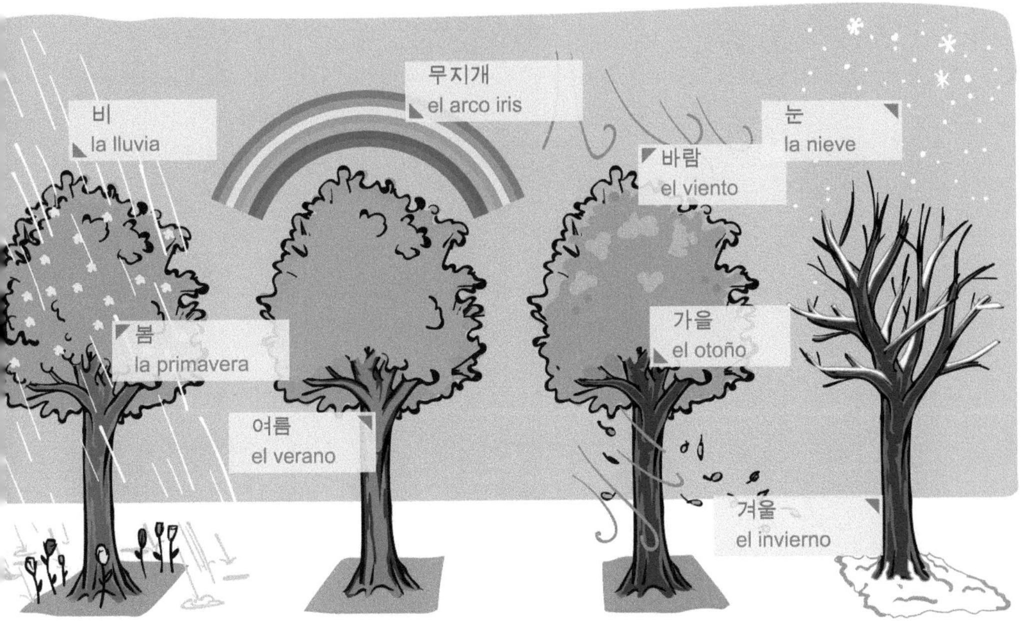

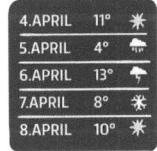

날씨 예보

pronóstico meteorológico

F C
120 40
90 30
60 20
30 10
0 0
-30 -10
-20

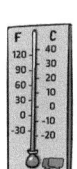

온도계

el termómetro

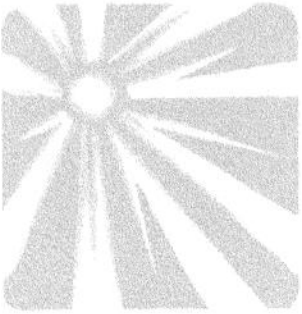

햇빛

la luz del sol

구름

la nube

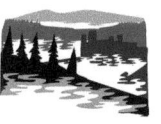

안개

la niebla

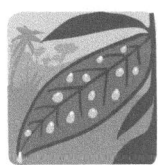

습도

la humedad

번개

el rayo

천둥

el trueno

폭풍

la tormenta

우박

el granizo

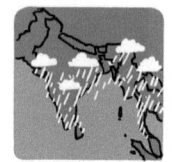

장마

el monzón

흥수

la inundación

얼음

el hielo

1월

enero

2월

febrero

3월

marzo

4월

abril

5월

mayo

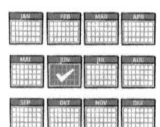

6월

junio

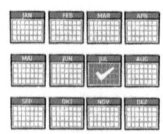

7월

julio

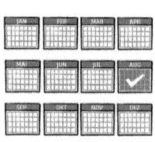

8월

agosto

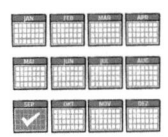

9월
....
septiembre

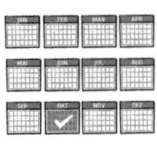

10월
....
octubre

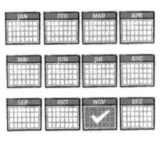

11월
....
noviembre

12월
....
diciembre

형태
las formas

원
....
el círculo

정사각형
....
el cuadrado

직사각형
....
el rectángulo

삼각형
....
el triángulo

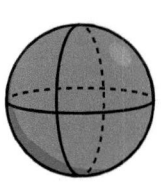

구
....
la esfera

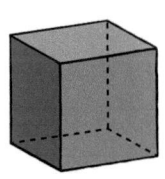

정사면체
....
el cubo

하양
....

blanco

노랑
....

amarillo

주황
....

naranja

분홍
....

rosa

빨강
....

rojo

보라
....

violeta

파랑
....

azul

초록
....

verde

갈색
....

marrón

회색
....

gris

검정
....

negro

많은 / 적은

mucho / poco

화난 / 차분한

enojado / tranquilo

아름다운 / 추한

lindo / feo

시작 / 끝

el principio / el fin

큰 / 작은

grande / chico

밝은 / 어두운

claro / oscuro

형제 / 자매

el hermano / la hermana

깨끗한 / 더러운

limpio / sucio

완전한 / 불완전한

completo / incompleto

낮 / 밤

el día / la noche

죽은 / 산

muerto / vivo

넓은 / 좁은

ancho / angosto

삭용의 / 비식용의

comestible / no comestible

불친절한 / 친절한

malo / amable

흥분된 / 지루한

entusiasmado / aburrido

뚱뚱한 / 마른

gordo / flaco

처음으로 / 마지막으로

primero / último

친구 / 적

el amigo / el enemigo

꽉 찬 / 텅 빈

lleno / vacío

딱딱한 / 부드러운

duro / blando

무거운 / 가벼운

pesado / liviano

배고픔 / 목마름

el hambre / la sed

병든 / 건강한

enfermo / sano

불법 / 합법

ilegal / legal

영리한 / 어리석은

inteligente / estúpido

왼 / 오른

izquierda / derecha

가까운 / 먼

cerca / lejos

새 / 헌

nuevo / usado

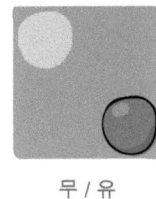

무 / 유

nada / algo

늙은 / 젊은

viejo / joven

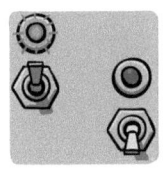

온 / 오프

encendido / apagado

열린 / 닫힌

abierto / cerrado

조용한 / 시끄러운

silencioso / ruidoso

부유한 / 가난한

rico / pobre

옳은 / 틀린

correcto / incorrecto

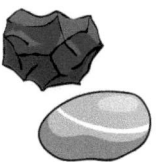

거친 / 매끄러운

áspero / suave

슬픈 / 기쁜

triste / contento

짧은 / 긴

corto / largo

느린 / 빠른

lento / rápido

젖은 / 마른

mojado / seco

따뜻한 / 시원한

caliente / frío

전쟁 / 평화

guerra / paz

0

영

cero

1

하나

uno

2

둘

dos

3

셋

tres

4

넷

cuatro

5

다섯

cinco

6

여섯

seis

7

일곱

siete

8

여덟

ocho

9

아홉

nueve

10

열

diez

11

열하나

once

12

열둘

doce

13

열셋

trece

14

열넷

catorce

15

열다섯

quince

16

열여섯

dieciséis

17

열일곱

diecisiete

18

열여덟

dieciocho

19

열아홉

diecinueve

20

스물

veinte

100

백

cien

1.000

천

mil

1.000.000

백만

el millón

영어

el inglés

미국식 영어

el inglés americano

중국어 만다린

el chino mandarín

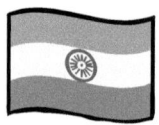

힌두어

el hindi

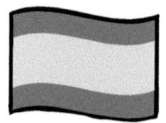

스페인어

el español

프랑스어

el francés

아랍어

el árabe

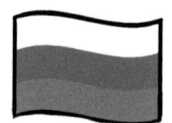

러시아어

el ruso

포르투갈어

el portugués

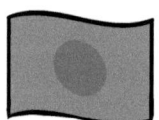

불가리아어

el bengalí

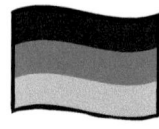

독일어

el alemán

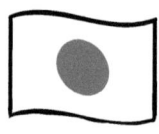

일본어

el japonés

나
yo

너
vos

그 / 그녀/ 그것
él / ella

우리
nosotros

너희들
ustedes

그들
ellos

누가?
¿quién?

무엇이?
¿qué?

어떻게?
¿cómo?

어디서?
¿dónde?

언제?
¿cuándo?

이름
el nombre

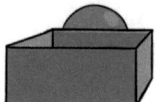

뒤에

detrás

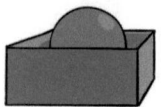

안에

en

앞에

adelante de

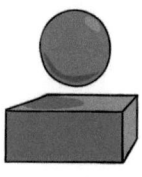

위에

por encima de

위에

sobre

아래에

debajo de

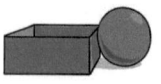

옆에

al lado de

사이에

entre

장소

el lugar